CATALOGUE

D'UNE BELLE

COLLECTION D'ÉTUDES PEINTES,

DESSINS A L'AQUARELLE ET A LA SÉPIA,

Représentant des Vues d'Italie et de Naples;

DE TABLEAUX ANCIENS

DE L'ÉCOLE ITALIENNE,

De fort beaux petits Mannequins Napolitains, Costumes en soie, Tentures soie et Dentelles, Verroterie de Venise, etc.

Dont la Vente aux Enchères se fera

Les Mardi 20, Mercredi 21, Jeudi 22, et Vendredi 23 Décembre 1836, à Midi,

RUE VIVIENNE, N° 8.

Par le ministère de Me FROSMONT, Commissaire-Priseur, assisté de M. SCHROTH, Appréciateur.

EXPOSITION PUBLIQUE

Le Dimanche 18 et le Lundi 19 Décembre, de midi à 4 heures du soir.

LE CATALOGUE SE DISTRIBUE :

Chez { Ledit Me FROSMONT, Commissaire-Priseur, rue du Dauphin, n° 10;
Et M. SCHROTH, rue Traversière St.-Honoré, n° 25.

AVERTISSEMENT.

La Vente que nous faisons se compose d'une grande quantité et variété d'Objets d'arts et de curiosité rapportés d'Italie par M. Smargiassi, Peintre de paysage, et parmi lesquels MM. les Amateurs remarqueront une belle suite d'Aquarelles et d'Études peintes par MM. Gigante et Vianelli, Artistes Italiens, dont le talent n'est mis en doute par personne; de bons Tableaux anciens, de l'École Italienne; une collection de fort beaux Modèles sculptés en bois, par d'habiles Artistes Napolitains, et fort bien costumés, avec les vêtemens qui caractérisent les différentes classes du peuple qu'ils représentent; de belles Étoffes de soie brochées or et argent; des Garnitures de Lit, soie et dentelles gothiques; de fort belles Verroteries de Venise; une magnifique Table en bronze doré, avec son dessus agate; Commode, etc.

La variété et le beau choix des objets qui composent cette Vente, attirera, nous l'espérons, l'attention de MM. les Amateurs, qui saisiront avec empressement l'occasion de faire l'acquisition d'objets rares, et qui se présentent peu souvent à la curiosité.

CATALOGUE.

TABLEAUX.

GIGANTE (Jacinthe).

1 Vue des montagnes della Cava, prise de la Grotta Bonea.
2 Vue de la ville de Gragnano.
3 Vue de la campagne de Basilicata.
4 Vue du pont à Gragnano.
5 Vue des moulins sur la route de Gragnano.
6 Vue d'une route della Cava.
7 Vue della Piscine Admirabile.
8 Vue de Monte Finistea alla Cava.
9 Vue de la Vallée de Gragnano.
10 Vue des montagnes de Piedimonte.
11 Vue d'une partie de la ville de Gragnano.
12 Extérieur de l'amphithéâtre à Pouzzoli.
13 Vue du pont de Caligula à Pouzzoli.
14 Vue d'un moulin à la Cava.
15 Vue des ravins de Sorrento.
16 Vue d'une treille dans le Couvent della Avvocatella.
17 Vue d'une maison dans la vallée d'Aalmfi.

18   Vue de la ville de Castellamare, prise de la route de Gragnano.
19   Vue du temple de Jupiter Serapis à Pouzzoli.
20   Vue extérieure de l'amphithéâtre à Pouzzoli.
21   Vue d'un petit pont dans la vallée de Gragnano.
22   Vue d'un éboulement de rochers dans la vallée de Gragnano.
23   Vue du couvent de Notre-Dame de Pozzano à Castellamare.
24   Vue des montagnes d'Amalfi, prise du portique de l'église d'Amalfi.
25   Vue de l'entrée de la grotte du Pausilippe, à Naples.
26   Vue de la grande marine à Sorrento.
27   Vue d'une maison rurale à Pouzzoli.
28   Vue d'un pont ruiné dans la ville de Gragnano.
29   Vue du sommet du mont Saint-Michel, près de Gragnano.
30   Vue des ruines de la Voie Appienne à Pouzzoli.
31   Vue de l'ile de Nisida, du côté de Bagnoli.
32   Vue de la ville de Naples prise sous le pont della Floridiana.
33   Vue du mole de Sorrento.

34   Vue des Champs Elysées près de Misène, pochade.
35   Vue d'une maison rurale près les Champs Elysées, pochade.
36   Vue du mole de Sorrento.

VIANELLY.

37   Vue du château de Baia, prise de l'intérieur du temple de Diane.
38   Vue du cimetière di Fontanello.
39   Vue de l'église della Madona dell' Avvocata.
40   Vue de l'église de Notre-Dame dell' Avocatella.
41   Vue du château de Baia, prise de la route nouvelle.
45   Vue de la ville de Castellamare.
46   Vue de l'entrée delle Cento Cammerelle.
47   Vue intérieure d'un tombeau sur la Voie Appienne à Pouzzoli.
48   Groupe de costumes de blanchisseuses napolitaines.
49   Etude de costume de marin napolitain.
50   Etude de pêcheur napolitain.
51   Etude de la province de Capitanata.
52   Groupe de costumes de Capitanata.
53   Costume de maître de barque napolitain.
54   Costume de marchand de poisson napolitain.

55 Costume de fabricant de masses.
56 Costume de marin napolitain.
57 Groupe du peuple napolitain.
58 Deux marchands des rues, napolitains.
59 Costume de femme de marin napolitain.
60 Costume des femmes de la campagne des environs de Naples.
61 Costume des blanchisseuses, environs de Naples.
62 Costume de moine.
63 Costume de moine.
64 Costume de marchand de coquillages à Naples.
65 Costume de femme de pêcheur.
66 Costume de fête de femme de marin.
67 Costume d'une vieille femme de marin.
68 Costume de vieux maître de barque.
69 Costume d'ermite.
70 Costume de garde champêtre à Naples.
71 Costume d'un marin de la côte d'Amalfi.
72 Costume de marchand d'oranges à Naples.
73 Costume de guide à Pouzzoli.
74 Costume d'un joueur de la Morra.
75 Costume de porte-faix à Naples.
76 Costume de pêcheur arrangeant son filet.
77 Servante napolitaine.

78 Marin jouant de la mandoline.
79 Costume d'une fille de marin.
80 Costume de pêcheur de coquillages.
81 Costume de femme de marchand de macaroni.
82 Costume de jeune lazaroni.
83 Costume de Marin de Pouzzole.
84 Costume de femme de Pouzzole.
85 Costume de porte-faix napolitain.
86 Costume de petit porte-faix napolitain.
87 Costume de moine.
88 Costumes de deux moines.
89 Costumes de deux autres moines.
90 Costume d'un conducteur de bœufs des environs de Salerne.
91 Costume de pêcheur de Vietri.

CARRIÈRE.

91 *bis* Vue du château d'Ischia.
91 *ter* Vue d'un four à briques à Ischia.

COLLECTION

DE PETITS MANNEQUINS SCULPTÉS EN BOIS PAR DES ARTISTES NAPOLITAINS EN 1800,

et habillés avec les costumes et les étoffes les plus remarquables des environs de Naples.

92 Cabriolet napolitain (dit calesso comina-

tore) attelé à la manière de Naples, et contenant trois personnages avec le costume du pays.

93   Marchand de macaroni napolitain.
94   Femme en costume de Sorrento.
95   Femme de Procida.
96   Marchande d'œufs du village de Santatimo près Naples.
97   Servante d'auberge des environs de Naples.
98   Pêcheur napolitain.
99   Paysan calabrois.
100 Habitant de la ville d'Itry (environs de Mola di Gaëte).
101 Capucin aveugle de l'ordre de Saint-Pascal.
102 Paysan des environs de Naples.
103 Cheval calabrois chargé de provisions et monté par un jeune pâtre.
104 Ane attelé.
105 Genisse.
106 Taureau.
107 Bœuf napolitain.
107 *bis* Bœuf laboureur.

ARMES,

FRAGMENS D'ARMURES ANCIENNES ET DIVERSES CURIOSITÉS.

108 Une halebarde.

109 Casque de
110 Autre des premiers Gaulois.
111 Autre du temps des croisades.
112 Masse d'armes en fer.
113 Poudrière.
114 Belle épée espagnole complète.
115 Cotte de maille en fer.
116 Autre du temps de Louis XV.
117 Dossier d'une cuirasse.
118 Très belle batterie de fusil espagnol, parfaitement ciselée et travaillée à jour.
119 Deux coquilles de garde d'épée, travaillées à jour.
120 Très belle épée de la main gauche.
121 Lame de poignard des plus rares.
122 Beau chapiteau en bronze provenant d'un candelabre romain.
123 Petite pendule gothique en bronze doré.
124 Riche corbeille en cuivre ciselé à jour et doré.
125 Grand plat du même genre et du même temps.
126 Grand plat en faïence ancienne, orné d'une scène de genre fort bien peinte.
127 Autre plat.
128 Assiette de faïence ancienne représentant une scène de chasse.
129 Une autre petite historiée en faïence.
130 Tasse et sa soucoupe.

131 Pot à vin avec sujet sacré.
132 Deux salières en émail.
133 Une boîte en émail.
134 Petit chien en ivoire très bien sculpté.
135 Très belle assiette en faïence représentant un groupe de petits amours d'après Raphaël.
136 Petit bas-relief en ivoire, représentant des petits enfans jouant avec une chèvre.
137 Autre également en ivoire, représentant la Vierge et l'Enfant Jésus ; encadré en ébène.
138 Madeleine, peinte sur cuivre (école vénitienne).
139 Miniature sur ivoire du temps de Louis XV.
140 Portrait à l'huile, costume vénitien.
141 Portrait à l'huile, costume vénitien.
142 Deux beaux panneaux en bois, sculptés par Jovani di Nola, représentant le tombeau de sainte Agripino et son portrait sculpté au revers.
143 Un autre bas-relief en bois, à double face, représentant saint Pierre nommant l'évêque saint Asprene.
144 Deux petits cadres anciens en écaille et ébène.
145 Deux autres semblables plus grands.

146 Deux petits cadres vénitiens en ébène avec filets.
147 Un autre plus grand en écaille et ébène.
148 Deux cadres anciens en bois ciselé.

TABLEAUX ANCIENS.

149 Tête d'ange par Procaccini.
150 David tenant la tête de Goliath ; esquisse de l'école vénitienne.
151 Jésus-Christ chassant les marchands du temple.
152 La femme adultère.
153 Saint Pierre recevant les clefs.
154 Vénus fouettant l'Amour ; esquisse.
155 L'Amour défendant Vénus ; esquisse.
156 Enfans jouant avec des animaux, par Michel Ange du Caravage.
157 Deux bergers, par Nicolas Poussin.
158 Réunion de divers personnages ; esquisse par le Dominiquin.
159 Euridice mordue par un aspic.
160 Tête de sainte Cécile, par le chevalier Massimo.
161 Très belle esquisse représentant une descente de croix par Lanfranchi.
162 La mère des Graches.
163 L'Aveugle et l'Enfant Jésus, d'après Raphaël.
164 Jésus-Christ au milieu des docteurs.

165 La reine Esther aux pieds d'Assuérus.
166 Judith présentant la tête d'Holopherne.
167 Scène champêtre en Italie ; école flamande.
168 Autre scène champêtre.
169 Une scène d'intérieur.
170 Intérieur de taverne.
171 La fuite en Egypte, par le Guerchin.
172 Incendie. Effet de nuit, par Gaspard Poussin.
173 Conduite d'un troupeau, par le même.
174 Femme versant à boire à deux soldats, par Salvator Rosa.
175 Femme regardant deux soldats qui jouent.
176 Petit chien épagneul, par Rosa de Tivoli.
177 Autre petit épagneul.
178 Paysage avec figure.
179 Autre paysage avec figure.
180 Intérieur d'école.

DESSINS.

CIULI.

181 La Vicairie, dessin à l'aquarelle.
182 Le théâtre St.-Charles à Naples.
183 La fontaine Médina.
184 Portrait de l'église St.-Jean à Maggiore.

CAFFI.

185　Vue de Pestum.

CAVALLA.

186　Intérieur de la cathédrale de Monreale, à Palerme.

DESSINS.

GIGANTE (Jacinte).

187　Vue de Castellamare.
188　Maison de Castor et Pollux à Pompeï.
189　Restes de l'amphithéâtre de Cumes.
190　Cathédrale de Pouzzoli.
191　Port de Naples.
192　Le mole de Naples.
193　Vue de Castellamare.
194　Vue du Latrium Magnum à Capri.
195　Terrasse de la Villa Reale.
196　Four et moulin à Pompeï.
197　Vue du Chiatamone à Naples.
198　Hospice des pauvres à Naples.
199　Vue de Pestum.
200　Vue des camaldules de Naples.
201　Vue de Castellamare.
202　Vue du rivage de Chiaia.
203　Vue générale de Naples.
204　Vue de l'arsenal de Naples.
205　Vue du palais Calabrita à Chiaia.

206 Le pont de la Madeleine.
207 Vue de Naples, prise de l'arsenal.

GIGANTE (JEUNE).

208 Vue d'une villa à Pausilippe.
209 Vue de San Onofrio des Vieux.

L'EXCELLENT.

210 Vues d'Amalfi, palais de la princesse Jeanne, Sorrento, Naples, intérieur du temple de Vénus à Baia. Dessins à l'aquarelle. Cet article sera divisé.

DESSINS.

VIANELLI.

211 29 dessins de costumes napolitains dessinés et coloriés.
Nota. Cet article sera divisé en quatre lots.
212 Intérieur d'une maison à Mergellina, (Naples).
213 Grotte de la Sibylle à Cumes, la porte de Sorente et marine de Vico.
214 Eglise de la Catane à Palerme.

COSTUMES ET ÉTOFFES VENITIENS.

220 Costume d'homme complet de Sainte-Marie de Capoue.

221 Robe en soie cramoisie, brochée en or.
222 Robe de soie blanche avec bouquets brodés en soie de couleur.
223 Robe fond blanc avec dessins bleus et bouquet de couleur.
224 Morceau d'étoffe en soie jaune avec grand bouquet.
225 Morceau d'étoffe fond bleu avec fleurs brodées en or et soie.
226 Morceau d'étoffe fond bleu avec fleurs et dessins en soie et or.
227 Morceau d'étoffe fond bleu clair à grands bouquets, brodé en argent et soie de couleur.
228 Robe à pannier, avec son tablier en moiré bleu, parsemés de bouquets de couleur.
229 Grand morceau d'étoffe de Turquie, en satin orange, à dessins arabesques brodés en or et argent.
230 Morceau d'étoffe en soie cramoisie avec dessin brodés en soie et argent.
231 Robe à pannier avec son tablier en soie, gros grain bleu, brochée en or et argent.
232 Grand morceau en soie orientale, tissu en drap d'or de la plus grande beauté.
233 Grand morceau de satin cramoisi, à grands dessins verts et blancs.

234 Housse de cheval en velours cramoisi, avec dessins appliqués en or et argent.
235 Housse de cheval en velours jaune, brodée en argent.

DENTELLES DE VENISE.

236 Lit complet, en soie moirée verte, garni tout en dentelle de Venise.
237 Couverture de table, en soie et dentelle magnifiques, d'un seul morceau.
238 Tapis de table en soie bleue, et dentelle à dessin ton damassé.
239 Dessus de table en dentelle d'un seul morceau, dessin mauresque de deux couleurs.
240 Dessus de table en dentelle d'un seul morceau, dessin mauresque de deux couleurs.

VERROTERIE DE VENISE.

241 Beau plateau rond à ornemens blancs.
242 Beau plateau ovale avec deux verres dorés.
243 Petit vase en couleur avec anses.
244 Petit vase en couleur avec anses, plus riche.
245 Petit vase en couleur avec anses, plus riche.
246 Grand vase bleu.

247 Burette de couleur.
248 Bouteille avec ornemens blancs.
249 Verre à pied uni.
250 Verre à pied uni.
251 Verre à pied uni.
252 Petit vase opale.
253 Petit vase bleu et blanc.
254 Petit plateau opale.
255 Petit plateau opale.
256 Petite coupe bleu très jolie.
257 Petite coupe bleu riche.
258 Petite coupe de couleur diverse.
259 Verre de couleur avec son couvert.
260 Fleur en cristal.
261 Vase en cristal de roche très beau.

FAYENCE ET TERRE.

262 Plat ovale de faïence de Faenza.
263 Plat rond de faïence de Faenza.
264 Plat plus petit de faïence de Faenza.
265 Vase en terre de couleur, très ancien.
266 Autre vase en terre de couleur, très ancien.
267 Autre vase en terre de couleur, très ancien.
268 Grand bole peint.
269 Deux plateaux.

OBJETS DIVERS.

270   Paire de chaussure Napolitaine (dite soccoli).
271   Tambour de basque.
272   Quatre éventails anciens, en ivoire sculpté, marquetés en or et en argent.
273   Mandoline espagnole à côté orné d'écaille et nacre de perle.
274   Mandoline Napolitaine en ébène, incrustée d'ivoire.
275   Modèle de brick voilé et gréé.
276   Petit cadre en ivoire sculpté.
277   Bénitier en albâtre.
278   Bénitier en marbre.
279   Bénitier en bois.
280   Canne en jonc ornée d'un pommeau en or et argent ciselé.
281   Petite pyramide en marbre.
282   Collection de petits portraits, cadres anciens.
283   Petit tableau peint sur cuivre (école allemande).
284   Deux petits panneaux gothiques en bois sculpté.
285   Très beau cadre tout en bois sculpté et doré.
286   Deux bras de cheminée en bronze doré.

287 Très belle console en bois doré, couverte d'une table en agate.
288 Commode riche en marqueterie bombée.
289 Grand meuble en bois sculpté.

COUPES ET VASES ETRUSQUES.

290 Grand vase à deux anses.
291 Vase alongé à deux anses.
292 Vase plus petit à deux anses.
293 Vase à une anse.
294 Vase à une anse.
295 Vase à une anse plus petit.
296 Vase à une anse plus petit.
297 Grande coupe à deux anses.
298 Autre coupe à deux anses moins grande.
299 Autre coupe à deux anses moins grande.
300 Vase étroit et anse.
301 Vase étroit et anse.
302 Petit pot à une anse.
304 Petit vase à une anse.
305 Plusieurs objets divers que le temps n'a pas permis de cataloguer.

Imprimerie de Madame DE LACOMBE, 1, faub. Poissonnière.

www.ingramcontent.com/pod-product-compliance
Lightning Source LLC
Chambersburg PA
CBHW030112230526
45471CB00003B/1385